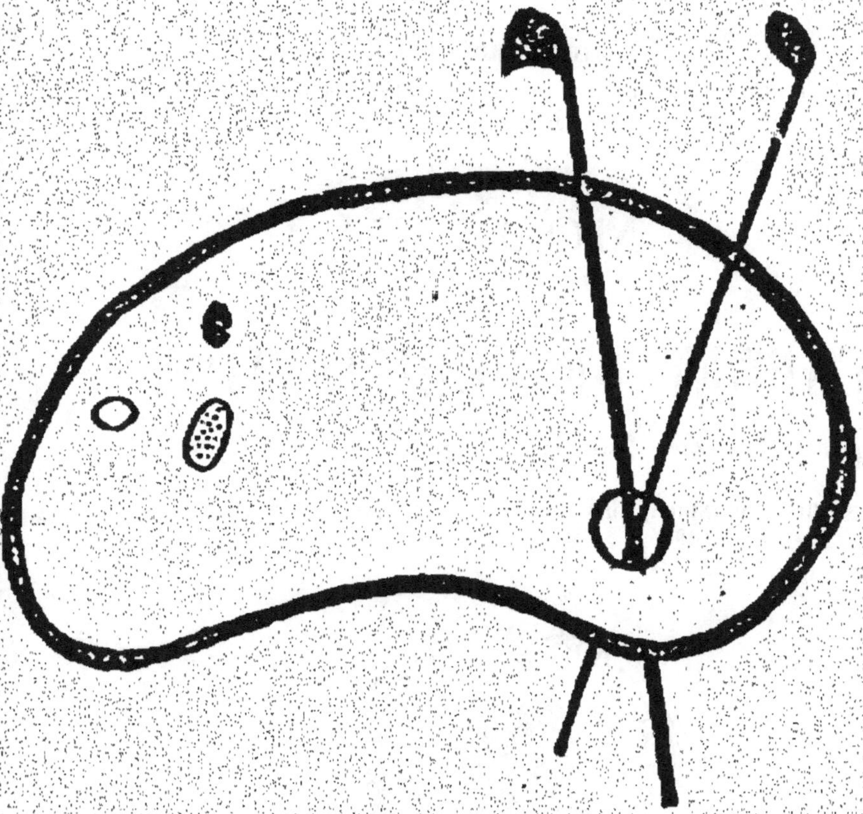

CROIX ROUGE FRANÇAISE

ASSOCIATION DES DAMES FRANÇAISES

Secours aux Militaires Blessés ou Malades en cas de Guerre

SECOURS AUX CIVILS DANS LES CALAMITÉS PUBLIQUES

RECONNUE D'UTILITÉ PUBLIQUE

Fondée en 1879. — Rattachée par les décrets de 1886 et de 1892 aux Ministères de la Guerre et de la Marine.

MODÈLE

D'UN

CARNET DE MOBILISATION

Par M. FÉRON,

OFFICIER PRINCIPAL DES HÔPITAUX MILITAIRES, EN RETRAITE.

SIÈGE DE L'ASSOCIATION :

10, Rue Gaillon, PARIS *(Avenue de l'Opéra).*

1897

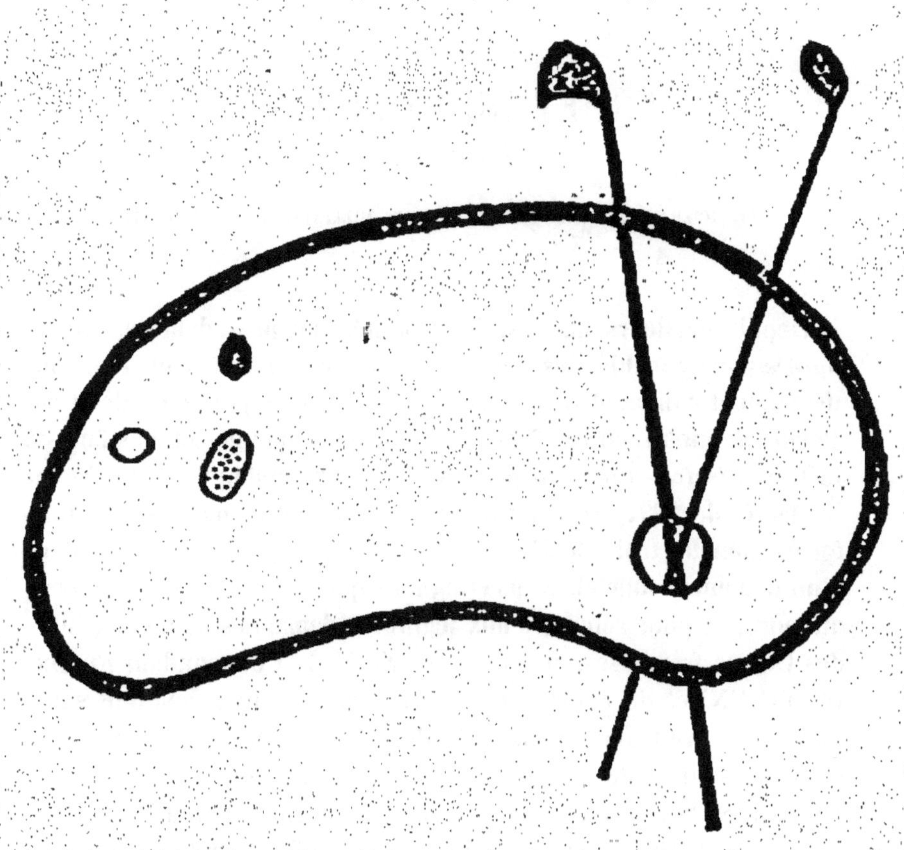

FIN D'UNE SERIE DE DOCUMENTS
EN COULEUR

MODÈLE

D'UN

CARNET DE MOBILISATION

Par M. FÉRON,

OFFICIER PRINCIPAL DES HÔPITAUX MILITAIRES, EN RETRAITE.

Depuis plusieurs années, les Comités qui possèdent des *locaux agréés* pour y établir des hôpitaux auxiliaires en cas de guerre, nous demandent comment il faudrait procéder, et ce que l'on entend par *Carnet de mobilisation*. Nous avions espéré que des études faites à la *Commission supérieure des Sociétés d'assistance*, instituée par le décret de 1892, sortirait un type de Carnet de mobilisation uniforme pour les trois Sociétés de la Croix-Rouge et ayant la valeur d'un document officiel. Nous craignons que ce travail se fasse encore attendre, et pour répondre aux légitimes demandes de nos Comités des Dames françaises, nous avons prié M. le Commandant FÉRON, retraité à Nice, de composer un carnet adapté aux formations sanitaires de notre Comité dans cette ville. M. FÉRON l'a fait avec beaucoup de soin et de compétence; ce travail a été revu par M. le Dr VALLIN, ancien directeur du Service de santé militaire du Gouvernement de Paris et membre du Conseil de l'Association, par M. le Dr PAUZAT, médecin-major, commissaire militaire près de l'Association, et par M. le Dr DUCHAUSSOY, commissaire civil.

Il y a sans doute des particularités qui ne sont pas applicables à tous les Comités, car tous n'ont pas d'avance un mobilier d'hôpital assuré dans un lycée; beaucoup ont des promesses conditionnelles, dont l'exécution jouerait un rôle important dans l'organisation de leur hôpital auxiliaire; mais il sera facile, avec un peu d'attention, de distinguer dans ce Carnet, ce qui peut convenir à chacun de nos Comités, et d'établir, après l'avoir bien étudié, *un Carnet de mobilisation,* en rapport avec les ressources dont chacun peut disposer.

Nous sommes donc heureux de mettre aujourd'hui ce plan de mobilisation entre les mains des Présidentes et des Médecins des Comités des Dames françaises ; nous les prions de le lire attentivement, de voir ce qui leur manque en locaux, en matériel ou en personnel, pour arriver, s'il se peut, à une organisatition aussi bonne que celles de Nice et de Saint-Germain-en-Laye, et nous sommes certains d'être leur interprète en exprimant à M. l'Officier principal Féron, nos vifs remerciements pour son très précieux et très utile travail.

Dr Duchaussoy.

Carnet de mobilisation

Concernant la création de deux Hôpitaux auxiliaires, dans la place de Nice.

(Notice 15 du Règlement sur le Service de santé en campagne. Article premier du décret du 19 Octobre 1892).

Analyse des Travaux a exécuter, Création, Fonctionnement, etc.

Objet et but de la mobilisation. — La mobilisation du Comité de Nice a pour objet l'organisation rapide des Services hospitaliers devant avoir pour résultat de mettre à la disposition de l'autorité militaire de la Place, dans le plus bref délai possible, deux Hôpitaux auxiliaires à créer successivement et présentant les ressources suivantes :

1° Hôpital auxiliaire du Lycée des garçons.	200 lits.
2° Hôpital israélite	50 »
Total.	250 lits.

L'engagement de la Société est donc de recevoir, de traiter, de nourrir et d'entretenir 250 militaires malades ou blessés pendant environ trois mois, c'est-à-dire pendant le laps de temps présumé de la durée de la guerre, et dépendant d'ailleurs des ressources pécuniaires du Comité à ce moment, dans les conditions de l'article 17 du décret du 19 octobre 1892. (Notice 15, indemnité de 1 franc par journée de malade ou blessé hospitalisé).

Les diverses et laborieuses opérations, concernant la transformation des deux établissements indiqués ci-dessus en Hôpitaux auxiliaires, devront se faire aussi hâtivement que possible, mais sans affolement, ni précipitation, en reportant d'ailleurs au jour suivant les travaux qui n'auront pu être exécutés au jour indiqué par ce carnet; il y a lieu de bien se pénétrer de l'idée que les ressources offertes par le Comité à l'autorité militaire, ne sont qu'une aide, un allègement pour le Service de Santé de l'armée, qui a le devoir strict d'assurer l'hospitalisation et le traitement de tous ses malades et blessés au moyen des ressources illimitées dont il dispose.

En conséquence, et comme les blessés provenant des combats ne pourront guère arriver dans la Place de Nice que vers le 10e jour, nul doute que notre Hôpital du Lycée ne soit prêt à en recevoir, si besoin est, à cette époque, à la condition que le dévouement et l'ardeur des Dames du Comité s'affirment généreusement, ainsi que nous en avons l'espoir et la conviction.

Il demeure entendu que les principaux objets et effets de couchage, (couchettes, sommiers, literie) ainsi que les meubles utiles et autre matériel, seront fournis par les Etablissements indiqués ci-dessus qui les possèdent; en effet dans l'esprit et dans la pensée du Ministre de l'Instruction publique, le Lycée a été mis à notre disposition, non seulement avec tous ses locaux mais encore avec tout son matériel utilisable. Pour les effets d'habillement, les malades feront usage de leurs effets militaires; le linge et les objets à l'usage spécial des malades seront, seuls, fournis par le Comité; et, il ne peut en être autrement car l'Association ne sera jamais assez riche pour supporter l'achat des objets de literie et d'habillement pour 250 malades; ses ressources principales sont surtout destinées à faire face aux dépenses de nourriture, de traitement et d'entretien.

1er Jour. — Le premier jour de la mobilisation, Madame la Présidente devra convoquer l'assemblée générale de tous les membres du Comité pour le 3e jour à 7 heures du matin, par la voie des journaux au besoin, en vue de s'assurer le concours effectif des Dames offrant de faire le service en commençant à s'occuper des travaux d'installation des Hôpitaux précités, pour lesquels il y a lieu de s'assurer, dès le temps de paix, que les locaux dont il s'agit seront disponibles à la mobilisation.

Demander également le concours effectif et volontaire des Médecins, Pharmaciens, Administrateurs et Comptables inscrits sur le dernier compte rendu annuel; concours pour lequel il leur a été demandé, dès le temps de paix, une déclaration d'acceptation de Service dans les Hôpitaux de l'Association qui se trouvent en la possession du Comité; en établir la liste.

Le lycée des garçons, situé au centre de la ville, étant le plus important des *deux* Hôpitaux à créer, deviendra Hôpital Central du Comité; c'est de cet Etablissement qu'on devra tout d'abord s'occuper exclusivement, le second sera organisé ultérieurement.

S'occuper sans tarder de la réalisation en numéraire des valeurs en dépôt dans les établissements de crédit. M. le Trésorier du Comité recevra l'autorisation de faire le nécessaire en vue de rentrer en possession des fonds dans le plus court délai, vu l'urgence.

2e Jour. — Porteur de l'ordre de cession, Madame la Présidente ou son délégué se présentera au Proviseur et à l'Économe du Lycée des garçons pour prendre possession des locaux et du matériel utilisable qui existe dans cet établissement, et dont un inventaire contradictoire devra être établi, par local, au fur et à mesure qu'il aura été reconnu bon pour le Service ; le Médecin désigné comme Médecin en chef, le Pharmacien, l'Administrateur ou Comptable qui seront ou auront été également désignés pour le service de cet Hôpital, assisteront à la remise et à la prise en charge ; ils donneront aussitôt une affectation aux locaux, laquelle sera écrite en gros caractères sur les portes.

L'administrateur ou Comptable demandera à la Pharmacie succursale de Lyon, rue Sainte-Marie des Terreaux, avec laquelle un marché éventuel a été passé, d'avoir à expédier dans le plus bref délai les Médicaments et objets divers qui ont été retenus et commandés à cette Pharmacie par convention et lettre, en date du 6 mai 1896.

Le Comptable demandera également au Médecin-Chef du Service de Santé de la Place de Nice, ou au besoin, au Directeur de la 15e région à Marseille, les règlements, documents et imprimés, etc., qui sont prévus par la notice 19 du règlement du service en campagne, pour le fonctionnement des deux Hôpitaux auxiliaires. Il est même prudent de les avoir d'avance, dès le temps de paix, et de les demander, en conséquence, à la Direction de Santé de la région.

3e Jour. — L'assemblée de la commission administrative ayant lieu au Siège du Comité à 7 h. du matin, on délibèrera sur la désignation du personnel à employer à l'Hôpital du Lycée d'abord ; les Dames, nominativement, peuvent et doivent même être désignées dès le temps de paix et chaque année on peut leur confirmer de nouveau leurs fonctions, selon la convenance de chaque personne au point de vue de sa liberté d'action et de ses aptitudes particulières, tout en utilisant et en sollicitant au besoin les excellentes dispositions de dévouement et d'abnégation qui animent les Dames de la Société.

On désignera le personnel nécessaire à la formation de 4 Divisions de 50 malades chacune, dont 2 de blessés et 2 de fiévreux, puis dans une partie bien isolée de l'établissement, 3 ou 4 petites salles à 1 ou 2 lits pour les contagieux des divers groupes (variole, scarlatine, diphtérie, érysipèle, etc.) ; il faudra en conséquence :

4 Médecins (y compris le Médecin en chef).
2 Pharmaciens (y compris le Pharmacien en chef).
1 Administrateur.
3 Employés-Comptables pour les services ci-après : Direction de la Dépense et de la Cuisine ; Magasins du linge, effets et matériel ; Bureau des Entrées, Sorties et Décès.
1 Dame surveillante générale (surintendante).
4 Dames, Ambulancières-Majores de Visite.
4 Dames, id. d'Exploitation.
4 Dames, Ambulancières de Visite (tenue des cahiers et pansements).
16 Dames, Ambulancières de Salle (4 par Division).
2 Dames Ambulancières (à la Dépense et à la Cuisine).
16 Gens de Service, salariés, avec 3 aides ou gens de service, pour les 4 Divisions (Salles).
1 Dame ambulancière au bureau des Entrées, avec 2 Dames commis aux écritures et 1 aide pour le magasin des sacs militaires.

Soit au total : 10 Officiers ou faisant fonctions.
36 Dames Ambulancières-Majores ou ordinaires.
20 Gens de service ou de peine, salariés.

Total : 66

Faire d'abord un choix de 8 aides ou gens de service pour les travaux concernant l'installation des salles et des différents services ; débattre et convenir avec eux un prix de journée de travail à titre de salaire ; quand plus tard l'hôpital fonctionnera, les aides seront nourris et couchés par l'Etablissement et leur salaire sera alors réduit.

La création des 4 Divisions n'est pas absolue, elle dépendra du nombre de Médecins-traitants disponibles pour le nombre des Divisions, et aussi de la spécialité des maladies à traiter.

Dans le cas peu probable, mais cependant possible, où le nombre de Dames du Comité ne pourrait être réuni pour faire le service, il y aurait lieu d'augmenter le nombre des gens de service salariés, ce qui aurait pour résultat d'augmenter les dépenses ; dans ce cas il faudra être très sévère pour un choix judicieux quant aux aptitudes à requérir des personnes à employer, devant être mises à la tête de services spéciaux.

A titre exceptionnel et en cas d'impossibilité où l'on se trouverait d'avoir des gens de service français, ayant satisfait aux obligations militaires, il pourrait être accordé par le Commandement des hommes de la réserve de l'armée territoriale ou des Services auxiliaires. (Art. 4, § 2 de la notice 15).

Convoquer pour le lendemain matin à 7 heures tout le personnel désigné pour le Service de l'Hôpital du Lycée, en vue de faire connaître à tous l'affectation des locaux mis à notre disposition.

4e Jour. — Tout le personnel étant réuni à 7 heures du matin, l'administrateur du nouvel Hôpital indiquera la répartition des locaux, qui doivent comprendre dans leur affectation :

1 Loge pour le concierge.
1 Chambre de garde des Médecins.
1 Chambre pour la Surveillante générale (Surintendante).
1 Poste pour l'Infirmière-Majore de garde.
1 Bureau des Entrées; le vestiaire et magasin des effets et armes déposés par les Entrants garnis d'étagères à claire-voie et y attenant; plus une petite pièce pour les effets des décédés. (Le bureau des Comptables et le bureau des Entrées peuvent être le même; mais le vestiaire doit être à part.)
La Pharmacie comprenant environ 4 pièces, savoir : la pharmacie proprement dite; le préparatoire; la tisanerie avec fourneau et ustensiles; un magasin et une cave.
La Dépense avec un bureau pour l'Employé-Comptable et les Dames qui en sont chargées, comprenant : des étagères fermant à clef pour les denrées, ou bien des coffres; une cave pour les liquides et un bûcher.
La Cuisine avec son fourneau, ses divers ustensiles, une laverie et un office.
Un bureau pour les Médecins avec une pièce attenante pour l'arsenal chirurgical.
Un bureau pour l'Administrateur.
Une Salle des Conférences devant aussi servir à la visite et à la contre-visite des militaires.
Un magasin du linge et des effets avec des étagères à claire-voie ou pleines, isolées ou le long des murs; plus un bureau et un atelier de pliage et de réparations.
Un magasin des objets mobiliers (s'il est nécessaire).
Un grand cabinet pour le linge sale, garni de tréteaux.

Un cabinet ou local pour les désinfections. A défaut on se servirait de l'étuve mobile existant à l'Hôpital militaire.

Une salle de bains, s'il est possible. A défaut les bains seront pris en ville en traitant avec un établissement pour le prix; puis 2 baignoires à roulettes pouvant être portées dans la salle où est un malade, ou dans un cabinet attenant.

Une buanderie. A défaut on passerait un marché avec un blanchisseur de la ville ainsi que le fait l'Hôpital militaire.

Les salles pour les Blessés seront installées au rez-de-chaussée et à défaut au 1er étage.

Les salles pour les Fiévreux, aux étages.

Les Officiers malades auront des chambres séparées.

Les Sous-Officiers seront, autant que possible, placés dans des salles spéciales ou, à défaut, dans les salles communes mais séparés des soldats.

Bien que le règlement prescrive 40 mètres cubes d'air par malade, ce qui est un maximum, on peut cependant se contenter de 30 mètres cubes qui sont très suffisants, surtout s'il y a des lits vacants dans la salle, car plus il y a de locaux occupés, plus le service est grand. Ceci admis, multiplier la longueur du local par la largeur, et le produit par la hauteur, puis diviser par 30 pour avoir le nombre de lits à mettre dans chaque salle.

Une salle d'opérations aseptique à proximité de la Direction des blessés, munie d'eau bouillante et dont le sol et les murs sont faciles à laver et à stériliser.

Une salle des morts située dans un pavillon écarté avec un lit de camp; une petite chapelle et une pièce attenant s'il est possible.

Un casernement pour les gens de service, au besoin dans les greniers.

Avant l'ouverture de l'hôpital, surveiller l'installation souvent si défectueuse des latrines dans les lycées et remédier à leur insuffisance.

Plusieurs chaises percées sont nécessaires pour les malades qui ne peuvent se lever ou marcher.

5e Jour. — L'administrateur-comptable établira le contrôle nominatif du personnel en distinguant : Médecins; Pharmaciens; Administrateur et Employés-Comptables; Surveillante générale; Dames ambulancières Majores de visite et d'exploitation; Dames ambulancières de salle et d'exploitation des diverses autres branches du service; Les aides ou gens de peine salariés.

Une expédition du Contrôle nominatif sera envoyée au commandement qui devra avoir connaissance des mutations et changements à provenir

dans le personnel, au moyen d'un bulletin ; l'autre expédition sera conservée par l'Administrateur-comptable et constamment tenue à jour par l'indication des mutations et mouvements.

S'occuper d'installer les 4 divisions de 50 lits chacune.

Voir combien chaque salle, chambre, dortoir, réfectoire peut en contenir à raison de 30 mètres cubes d'air par lit.

Y faire placer les couchettes avec fourniture complète ; débarrasser les locaux de tout ce qui serait gênant et inutilisable, en conservant dans tous les services les objets et ustensiles pouvant servir.

La fourniture complète comprend : 1 couchette, 1 sommier *ou* paillasse, 1 matelas, 1 traversin, 2 couvertures, 8 draps dont 2 dans le lit, 1 oreiller et 4 taies (au besoin mais pas indispensables, à raison de 1 sur 5 fournitures), 1 petit sac de lit, 1 planchette pour le billet d'hôpital, 1 planchette pour les repas ; puis les ustensiles à bouche avec 1 pot à tisane, 1 table de nuit avec son vase.

Établir l'inventaire contradictoire et estimatif du matériel cédé, à titre de prêt, par le Lycée, et en établir 3 expéditions dont 1 pour le Ministre, 1 pour le Lycée et 1 pour l'hôpital.

L'Ambulancière-Majore de chaque division de malades, avec l'aide des Ambulancières de salle et des gens de service qui lui sont dévolus, demeure chargée de l'installation des locaux de sa division et de l'inventaire particulier des objets et du matériel qui lui sont remis, elle en devient responsable ; la même opération sera faite pour la Pharmacie, la Dépense, la Cuisine, les Magasins, etc, etc ; l'inventaire général sera établi par l'Administrateur-comptable qui en prendra charge en accord complet avec l'administrateur du Lycée.

6e Jour. — Le Comptable s'occupera de passer des marchés ou des conventions écrites avec des fournisseurs de denrées et de liquides, pour assurer l'approvisionnement en vivres ; débattre le prix et la qualité des aliments à fournir sur des *bons* portant sa signature, pour l'époque où l'Hôpital sera ouvert, c'est-à-dire recevra les premiers malades.

Ces marchés peuvent ne comprendre que les denrées les plus importantes; les autres telles que : légumes verts, fruits, objets de consommation (brosses, balais, savon, etc., etc.) de peu de valeur seraient achetés directement sur place sans marché. On pourrait, comme référence, s'adresser aux fournisseurs de l'Hôpital militaire ou à ceux du Lycée qui sont habitués à traiter et à fournir l'administration.

Le Comptable réunira tous les matins, après la visite médicale, au rapport qu'il devra faire journellement, les Dames ambulancières-Majores des Divisions et des autres services, Dépense, Cuisine, Magasin, pour se faire rendre compte du travail accompli la veille et donner des ordres pour la journée.

Les gens de service surtout devront produire une somme de travail appréciable car tout le gros ouvrage est leur lot.

Faire transporter dans le Magasin le linge, les effets et généralement tout ce que renferme le local du Comité; l'Employé-comptable qui a le service du Magasin en fera l'inventaire en le recevant, il en reconnaîtra l'exactitude au moyen du Compte de gestion qui lui sera remis; ce registre sera tenu constamment à jour par l'inscription des achats de matériel, dons, etc., qui viendront s'ajouter à l'inventaire général.

7e Jour. — Chaque Division ou Service ayant son personnel distinct fixe continuera les travaux d'aménagement jusqu'à complète organisation.

Les médicaments, devant sans doute arriver ce jour, seront reçus en quantités et en qualité par M. le Pharmacien en chef qui en informera le Comptable afin que le Comité puisse en ordonner le payement en temps voulu. Le Pharmacien devra s'occuper des aménagements intérieurs de son service avec ses aides et faire les demandes modestes et simplement indispensables pour son fonctionnement temporaire.

Il sera passé une convention pour le blanchissage du linge, des effets et des objets de pansement, à la pièce ou au poids, selon qu'il sera plus avantageux; l'Hôpital militaire, qui opère ainsi, fournira des renseignements utiles à cet égard.

8e Jour. — Le Comité s'occupera de l'achat des objets indispensables de matériel qu'il ne posséderait pas encore et que le Lycée ne pourrait fournir, tels que : tables de nuit, chaises percées, escabeaux, paravents, objets pour les repas, vaisselle, mesures, etc., etc., enfin toute une nomenclature qui est indiquée surtout par la nécessité et qui est inscrite sur le fascicule de l'unité collective de l'approvisionnement de l'Hôpital temporaire de 200 malades.

Ne pas oublier l'achat d'un lit plus grand, dit de tambour-major, pour les hommes de taille extra.

Les travaux d'aménagement des Salles de Divisions, de Malades, de la Dépense, de la Cuisine, Magasins, Pharmacie, Bureaux, etc., continuent sans interruption; chaque jour apporte son acheminement vers l'installation complète et aussi parfaite que possible avec les moyens dont on dispose ; ils sont continués ainsi jusqu'au jour où Madame la Présidente, après avoir passé une inspection générale de l'Hôpital avec l'assistance de tous les chefs de service, pourra annoncer au Général gouverneur qu'elle est en mesure de recevoir des malades et des blessés; mais il sera prudent de n'en demander d'abord qu'un petit nombre afin d'assurer seulement les diverses branches de service et de rendre plus facile à chacun les débuts.

Au bout de dix jours, j'estime qu'on pourra aller de l'avant, en observant de laisser toujours quelques lits vacants dans chaque grande salle.

L'Employé-comptable de la Dépense, ou la Dame adjointe, chargée de ce service, préparera une liste des denrées, liquides, objets de propreté (balais, brosses, savon), combustible, etc., etc., de manière à n'avoir plus qu'à les commander aux fournisseurs, et à les recevoir pour le jour de l'arrivée des malades. Il est bien entendu que ces articles seront reçus à la Dépense, en quantité déterminée par les bons, et de la qualité indiquée par les conventions pour un bon usage.

Pour l'éclairage, le compteur à gaz sera arrêté au chiffre à partir duquel la consommation sera mise au compte du Comité; il y aura lieu de faire intervenir la Compagnie pour la fixer, quant au point de départ du compteur et du prix par mètre cube.

9e Jour et suivants. — Des dispositions à peu près analogues à celles indiquées ci-dessus seront prises pour la transformation en Hôpital auxiliaire de *l'Hospice Israëlite*, pour tout ce qui concerne le personnel, le matériel et l'installation de cette annexe de l'Hôpital central. On pourra en faire un Etablissement spécial pour les Officiers malades, ou pour des maladies contagieuses, en raison de sa situation isolée. L'expérience acquise, résultant de la création de l'Hôpital du Lycée, rendra plus facile son organisation.

RÉCAPITULATION.

En résumé les diverses opérations journalières seront les suivantes:

1er Jour. — Visite au Commandement (Général-Gouverneur) pour obtenir l'ordre de réquisition des immeubles, si on ne possède pas dès le temps de paix une donation manuelle les mettant disponibles après la mobilisation, ainsi que du matériel utilisable. — Convocation, pour le 3e jour, de l'assemblée générale.

2e Jour. — Prise de possession des locaux du Lycée et leur affectation aux diverses branches de service. — Réclamer l'expédition des médicaments retenus par marché éventuel. — Demander les règlements et les imprimés, si déjà on ne les possède dès le temps de paix.

3e Jour. — Désignation du personnel en Médecins, Pharmaciens, Administrateurs et Employés-comptables, Dames-infirmières-Majores, et des gens ou aides de service, pour les 4 divisions de malades.

4e Jour. — Visite en détail des locaux et leur répartition à faire connaître à tout le personnel ; placer des étiquettes sur les portes.

5e Jour. — Établissement des contrôles nominatifs. — Travaux d'installation pour les 4 divisions. — Dresser l'inventaire du matériel prêté.

6e Jour. — Rapport journalier. — Marchés à passer pour la fourniture des denrées et des objets divers. — Transport du matériel de l'ouvroir au lycée.

7e Jour. — Les médicaments arrivant, installation de la pharmacie. — Marché pour le blanchissage.

8e Jour. — Achat de tous les objets et ustensiles manquant encore, selon l'indication de la nomenclature. — Éclairage au gaz, compteur.

9e Jour. — Inspection de tous les locaux par Madame la Présidente et demande de malades si l'installation est trouvée complète, et qu'on puisse répondre de la marche du service.

10e Jour. — S'occuper de l'annexe (hospice Israëlite) dans le même ordre d'idées.

Nice, le 24 Mai 1896.

L'Officier principal des Hôpitaux militaires, en retraite,
FÉRON.

Vu et approuvé par nous,
Présidente du Comité de Nice, pour exécution le cas échéant,
M. BORRIGLIONE.

N. B. — Les Comités qui voudraient dresser leur carnet de mobilisation d'après ce modèle, sont prévenus qu'ils doivent placer une feuille blanche entre chaque feuille imprimée, c'est sur ces feuilles blanches qu'on écrit les noms des médecins, pharmaciens, comptables et de tout le personnel qui doit faire le service, avec les adresses, les noms et la situation des locaux ; les changements à faire à ces locaux pour les convertir en hôpitaux auxiliaires; les promesses de mobilier, etc, en un mot toutes les particularités spéciales à chaque Comité. Tous les ans on vérifie l'exactitude de ces renseignements et on fait sur les feuilles blanches les changements nécessaires.

Amiens. — Imp. Piteux frères

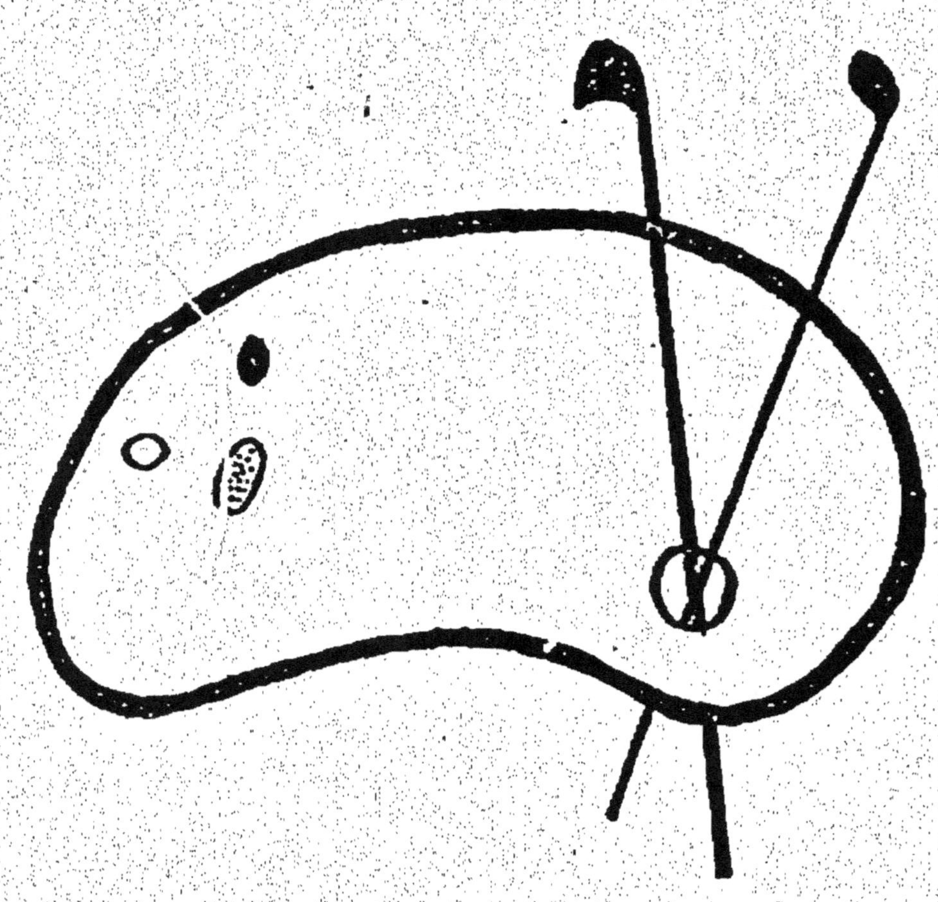

www.ingramcontent.com/pod-product-compliance
Lightning Source LLC
LaVergne TN
LVHW010316230826
846091LV00009B/3683
9782011941077